NOUVEAUX DÉVELOPPEMENTS

De la proposition faite le 18 janvier 1816, par M. le Comte DE SAINT-ROMAN, *dans la Chambre des Pairs.*

———

LES développements de la proposition que j'avois soumise à la Chambre des Pairs, le 18 janvier dernier, ont été l'objet de plusieurs objections. Presque toutes les difficultés qui m'ont été faites de vive voix se sont retrouvées dans le compte que deux feuilles périodiques, le Journal de Paris et le Constitutionnel, ont rendu de mes principes. Le dernier de ces journaux entre dans des détails étendus, et ses rédacteurs (je dois leur rendre cette justice) sont du nombre des personnes qui, à mes yeux, ont approfondi avec le plus d'attention les questions sur lesquelles j'ai cherché à provoquer l'examen de mes lecteurs. Ils ont commencé par établir dans mon écrit une distinction que j'adopte moi-même entre les objets spéciaux des hautes délibérations de la Chambre dont j'ai l'honneur d'être membre, et ceux qui tiennent à ma théorie politique. Je profiterai de cette distinction pour n'exposer à la controverse que les manières de voir qui m'appartiennent en propre; et, comme je tiens extrêmement à mettre hors de toute incertitude des notions qui me paroissent importantes pour le bonheur et le repos publics, quoiqu'elles ne soient pas universellement reçues, je crois à propos de reprendre les principaux arguments qu'on m'oppose. Le Constitutionnel les ayant à-peu-près tous réunis, ce sera lui que je suivrai pas à pas dans ma réplique (a), en priant toujours ceux qui voudront bien prendre lecture de ces nouvelles observations, de se dépouiller avant tout des préjugés du siècle, et de s'assujettir au doute préliminaire, qui, suivant moi, doit faire la première condition de toute recherche.

Je me hâte d'entrer en matière.

Depuis plus de vingt ans j'entends s'élever un cri vraiment puéril, quoique général, contre

______

(a) Pour bien suivre le fil de mes raisonnements, et pour bien connoître les objections auxquelles ils se rapportent, il sera bon de se procurer le Constitutionnel du 27 mars et du 2 avril, on pourra y joindre le Journal de Paris du 22 mars, et par-dessus tout, il est aisé de concevoir que la connoissance de mon premier écrit est absolument indispensable pour bien comprendre celui-ci.

ce qu'on appelle discussions métaphysiques, et les personnes que j'ai à combattre aujourd'hui n'ont pas dissimulé qu'elles les regardoient en effet comme remplies par essence de systêmes ténébreux, que l'esprit humain ne sauroit éclaircir.

J'ai vu cette opinion prendre naissance chez les personnes attachées aux anciennes idées, et qui, mal préparées aux attaques de leurs adversaires, aimoient à les éluder en les représentant comme méritant le discrédit général. Mais depuis que, de gré ou de force, il a fallu se résoudre à examiner les questions jusque dans leur dernière profondeur, un changement notable s'est visiblement opéré, et ce sont maintenant les idées nouvelles dont on veut interdire l'abord aux dissertations de la métaphysique, preuve indubitable qu'on n'est pas sans défiance sur le résultat que ces dissertations pourroient amener avec elles.

Rien, au surplus, n'est plus mal fondé que cette exclusion que l'on veut prononcer contre la métaphysique dans toutes les recherches scientifiques : car tout ici bas, dans ce qui est du domaine de la raison, est soumis à la métaphysique ; toute créature humaine fait de la métaphysique ; le bûcheron, en donnant son coup de cognée, suivant la position ou la na-

ture de l'arbre qu'il veut abattre, a ses principes et tire ses conséquences, et dès-lors paye
tribut à la métaphysique. La mauvaise est celle
qui, à l'aide de principes insuffisants et superficiels, s'imagine être au-dessus des difficultés,
et résoudre tous les problêmes; c'est elle qui
enfante toutes ces explications forcées, tous ces
déguisements de contradictions continuelles,
qui de nos jours ont déshonoré les raisonnements de l'homme. La bonne métaphysique,
au contraire, est celle qui découvre des principes étendus et qui parvient avec le moins
d'éléments possible à produire le plus de com-
binaisons et à éclaircir le plus grand nombre
de résultats. Il est vrai que dans ce travail il
faut savoir se garantir des écarts de l'imagina-
tion; mais on y réussit, en puisant ses données
dans l'observation exacte de la nature, et en
sachant s'arrêter lorsque la lumière vient à
manquer ; voilà pourquoi dans la doctrine
sommaire que j'ai cru à propos de publier, je
ne me suis pas arrêté à des notions indécises,
parcequ'elles n'étoient que secondaires, et pourquoi je n'ai pas hésité un seul moment à re-
monter jusqu'à des points fondamentaux qui,
si j'en ai bien jugé, s'offroient presque d'eux-
mêmes et comme des vérités incontestables aux
regards de toute personne qui vouloit se livrer

à leur recherche, en faisant abnégation de toute opinion et de tout système préalable.

Je pourrois répéter que, pour trouver l'originé et le modèle des gouvernements, il eût été très conforme à la nature et à la vérité de partir d'une première famille et de l'autorité de son chef, sans craindre l'objection que me fait un de mes adversaires, que la famille tend à sa division en d'autres familles subséquentes, lorsque les enfants ont atteint la force de l'âge. Je ferois remarquer qu'avant que la puissance de l'homme eût changé la face de la terre, il falloit en disputer la souveraineté aux animaux féroces, que s'écarter de sa famille c'étoit presque se vouer à la mort, que le père vieillissoit ainsi, non seulement au milieu de ses enfants, mais encore de ses petits enfants, que leur nombre faisoit sa force, et que celui de ces mêmes enfants qu'il avoit, le plus anciennement et préférablement aux autres, associé à la direction des entreprises, devenoit naturellement son successeur ; ce qui mèneroit à conclure qu'il faut destruction des périls extérieurs et excès de population pour que, je ne dis pas une simple famille, mais un peuple primitif se sépare en plusieurs rameaux.

On voit par là que, conformément à ce que j'avois annoncé, c'est toujours la crainte des périls du dehors que je regarde comme le plus pressant motif de réunion et de gouvernement de la part des hommes. Aussi il ne m'a pas été difficile d'apercevoir, dès que je me suis occupé de ces matières, que, sans m'appuyer de tous les arguments que j'aurois pu retirer de l'existence de la première famille, je rentrois dans le même cours d'idées, en laissant les réformateurs modernes supposer un premier isolement et une indépendance sauvage dans les fondateurs des nations.

En effet je maintiens très positivement que dans aucun temps il n'y eut un homme parfaitement semblable et égal à un autre en force et en capacité; il n'est pas dans la nature une seule feuille d'arbre qui jouisse d'une parfaite similitude à l'égard d'une autre feuille, et quoique dans un premier aspect les individus de certaines races d'hommes, les nègres, par exemple, nous paroissent entièrement façonnés sur le même modèle, nous ne sommes pas long-temps à apercevoir entre eux les dissemblances les plus notables. La raison de ces différences entre les êtres d'une même espèce est évidente. Le type originaire et commun à tous que le créateur forma dans sa sagesse se développe pour chaque individu dans des circonstances fort diverses de lieux, de température, de souffrance ou de satisfaction , et il en résulte des modifications variées à l'infini. D'ailleurs les sexes et les âges rendent encore les disparités plus frappantes, et dès-lors les plus habiles et les plus forts deviennent les protecteurs naturels des plus foibles.

Non pas , me dit-on , le plus foible concevra de l'aversion pour le plus fort, et, loin de s'unir à lui , il le combattra, s'il peut, et il s'enfuira de sa présence.

A cela je répondrai : faites paroître un plus fort encore et qui soit en même temps ennemi des deux premiers individus, faites-le homme, tigre ou panthère, il n'importe, vous verrez bientôt le plus foible des deux autres se réfugier auprès de celui qu'il redoutoit, en attendre protection dans leur péril commun, et celui-ci à son tour, loin d'écraser ce malheureux, le regarder comme un auxiliaire précieux ; et, existât-il une haine invétérée entre ces deux êtres, l'un eût-il été précédemment réduit par l'autre en esclavage, en fût-il devenu le misérable ilote, ces sentiments et ces differentes conditions seront bientôt effacés, si les périls continuent ; et, lorsque des succès couronneront leurs efforts, la confiance naîtra dans l'un envers son chef, et une bienveillance secourable à l'égard de son soldat commencera à s'éveiller dans l'ame de l'autre. Or supposez que plusieurs individus semblables aient recours au même appui, le protectorat des rois s'établit à l'instant même, non pas d'une manière forcée, comme on m'en a fait l'objection, mais par la marche naturelle des choses ; et la réunion des êtres et leur régime intérieur, dont on regardoit l'établissement comme un problême insoluble, deviendront l'effet le plus nécessaire, le plus simple, et le plus facile à saisir, une fois qu'on aura embrassé la question dans toutes ses dépendances.

Pour échapper aux conséquences de ce protectorat, on allègue que la sociabilité est le mobile qui, par-dessus tout, a porté les hommes à se rassembler. Je suis loin de nier qu'elle n'ait concouru puissamment à les tirer de leur isolement. Mais je prie de remarquer que la *sociabilité* que l'homme partage avec plusieurs espèces d'animaux est bien différente de la *société*. Un penchant instinctif peut réunir des êtres de même espèce, mais ils n'ont contracté encore aucun engagement de rester ensemble ; le belier sauvage peut vivre quelque temps en paix avec d'autres beliers, et parmi des brebis sauvages comme lui ; mais, s'il a le dessous dans les démêlés qui ne sauroient tarder à troubler le bon accord de cette troupe, aucune loi ne le force de ne pas retourner au fond des bois, et de ne pas quitter le rassemblement qu'il n'avoit ni explicitement, ni tacitement promis de suivre, sans jamais s'en séparer. Il en seroit de même pour les hommes, s'ils n'avoient que la sociabilité ; il faut que les périls extérieurs leur fassent sentir le besoin d'une direction *une, puissante, et protectrice*, pour qu'ils se résolvent à s'y soumettre. Avant ce moment, leur indépendance étoit entière ; et, comme la société ne consiste que dans des liens mutuels individuellement acceptés , il suit que jusque-là cette société n'existoit pas. C'est là uu principe véritablement *éternel*, et vouloir rendre l'homme membre obligé du premier attroupement où il se trouve , demeurera toujours une absurdité à laquelle les siècles futurs auront peine à concevoir que le nôtre ait pu s'arrêter quelques instants.

Mes adversaires l'ont senti : car ils conviennent de la nécessité d'une volonté unanime (j'aurois dit plutôt de l'acquiescement de chaque individu) pour constituer la société avant *l'instant métaphysique* qui l'a précédée. Mais n'auroient-ils entrevu que la moitié de la vérité ? Penseroient-ils qu'avant qu'on ait su ce qu'étoit une société, des hommes se soient imaginé d'en former une ? Non sans doute ; nous n'avons d'idée que des choses que la nature met successivement sous nos yeux, et c'est parcequ'à l'aide des gouvernements sous lesquels chacun s'est rangé on s'est trouvé uni par les mêmes engagements, que le premier germe de la pensée des sociétés a pu commencer à jeter quelques racines dans les esprits, et il faut convenir que le laps de temps qui s'est écoulé avant que l'on tournât distinctement ses méditations vers un pareil objet, a été plus qu'un instant métaphysique. Il suit de là que, dût la raison au premier abord se révolter du principe que le gouvernement fonde la société (ce sont les paroles de l'un des journaux qui ont entrepris de me réfuter), la raison mieux instruite se révoltera bientôt du contraire.

Ce qui vraisemblablement a trompé plusieurs graves auteurs sur la manière dont les gouvernements ont reçu leurs commencements, vient de ce que, parmi les nations modernes, bien des provinces et des états se sont livrés sous de certaines réserves à la domination de grands potentats. De là deux erreurs considérables :

1° Comme ces provinces et ces états se présentoient sous la forme de peuples distincts, on s'est figuré que, dans le principe des choses, on avoit contracté, en tant que corps de société, avec des souverains expressément institués pour tenir les rênes du gouvernement. L'observation de la marche de la nature ne peut au contraire mener qu'à des soumissions individuelles de la part des premiers hommes, et je crois avoir démontré dans mon écrit que même, pour tous les siècles et dans tous les systêmes qui ne sont pas dépourvus de toute raison, quelqu'individu que ce soit n'appartient à aucune société qu'autant qu'il y a donné un consentement, au moins tacite ; et s'il se trouve ensuite que les clauses fondamentales du pacte social soient rompues sans retour, ou deviennent inexécutables, alors il rentre dans l'indépendance originaire, en sorte que, lorsque les provinces ou les états dont je viens de parler se donnent ou passent à un souverain étranger, il doit être loisible à toute personne qui ne partage pas le sentiment des autres, de mobiliser ses propriétés par des ventes ou de quelqu'autre manière quelconque, et d'aller s'établir ailleurs. On sait qu'en pareilles circonstances cette coutume s'observe assez généralement en Europe.

2º Une erreur non moins grande, puisée dans l'usage des stipulations qui dans nos temps modernes accompagne presque toujours les translations de souveraineté, a été de penser que les engagements des premiers hommes envers leurs chefs avoient été de même limités et conditionnels, et avoient plutôt constitué des traités que des soumissions. Il n'en est rien. Il est clair que dans ces temps primitifs, on n'avoit pas d'idées si raffinées, qu'on s'abandonnoit simplement à la direction de son prince, et que la seule condition tacitement entendue étoit que celui-ci gouverneroit suivant l'équité naturelle (*b*).

Cependant je n'ai pas dissimulé que cette *soumission absolue* livroit l'homme à tous les

(*b*) J'ai admis cette condition tacite dès l'origine de toute soumission et de tout gouvernement ; j'ai dit même que de certains usages et de certaines institutions, postérieurement introduites, pouvaient devenir des droits sur lesquels se confiaient les citoyens. Cependant, j'ai réduit à des résistances inertes de leur part, ou plutôt de celle de certaines autorités secondaires, tout leur pouvoir lors de la violation de ces conditions et de ces droits par le prince, et j'ai évité de recourir dans la pratique à la dissolution de l'engagement des sujets ; j'en développerai de plus en plus les motifs dans ce nouvel écrit. Mais, ce qui est remarquable, c'est la facilité avec laquelle les amis de la liberté moderne font justice des difficultés qui m'arrêtent. Eux qui ne savent que multiplier les clauses et les réserves, lorsqu'il s'agit de prendre des précautions contre les rois, n'en admettent plus une seule lorsqu'il est question de la souveraineté populaire. Et moi je déclare à mon tour que cette souveraineté est le plus souvent synonyme d'un tel brigandage, qu'à mon avis on ne saurait trop énergiquement lui assigner des conditions intransgressibles.

dangers du pouvoir arbitraire ; je l'ai considérée comme une extrémité fâcheuse, opposée à une autre extrémité, *l'indépendance pareillement absolue*, plus fâcheuse encore, puisque, laissant chaque individu isolé, elle n'établit aucune force d'unité pour vaincre les périls extérieurs, et que, réduisant chacun aux seules ressources de son être, elle le rend en effet le misérable jouet de tous les obstacles qui l'envi ronnent.

Rien n'est plus clair ni plus évident que la soumission absolue à des maîtres et que l'indépendance de quelque autorité que ce soit sont deux extrémités opposées l'une à l'autre.

Rien n'est plus clair ni plus évident que toute créature humaine, si elle ne se trouve à l'une de ces deux extrémités, est entre l'une et l'autre.

A la soumission absolue, venons-nous de dire, est attaché le commandement arbitraire du maître. Cette sorte de commandement qui ne souffre ni prétexte, ni délai, ni appel, est ce qu'on nomme *despotisme*.

A l'indépendance absolue sont attachés l'isolement total de celui qui se prétend indépendant, et sa dépendance très-réelle de tous les obstacles sans cesse renaissants qu'il ne peut combattre que par sa force individuelle. Cet isolement s'appelle *anarchie*. Tout en s'efforçant d'échapper à cette manière de considérer ce dernier mot, les personnes qui me combattent conviennent de son exactitude pour l'anarchie proprement dite.

Je croyois donc avoir atteint un de ces principes évidents et tout-à-la-fois élémentaires et régulateurs qu'une bonne métaphysique doit chercher à découvrir, lorsque j'avois dit :

« L'homme doit être considéré comme placé
« entre deux extrémités funestes pour sa li-
« berté; l'une qui l'opprime à chaque instant,
« *l'anarchie* (ou, en d'autres termes, comme
« je viens de le dire, l'*isolement* inséparable du
« défaut absolu de tout engagement); l'autre
« qui ne lui en laisse qu'un exercice précaire
« et dépendant, la soumission au *pouvoir arbi-*
« *traire* (expression que mes adversaires ont
« traduite par cet autre mot, *le despotisme* ».

Je ne m'oppose pas à cette traduction, puisque je viens de faire l'observation qu'à la *soumission absolue* de la part des subordonnés est attaché de la part du maître ce *commandement impérieux* et sans règle fixe vulgairement appelé *despotisme*. L'autorité arbitraire du souverain, sans la moindre permission de retard ou de modification dans l'obéissance du sujet, forme l'idée complète de ce mot, et peut, ce me semble, lui servir de définition.

Ces notions ne me semblent présenter aucune difficulté, et j'avouerai mon étonnement, lorsque j'ai vu que, suivant les réfutations que l'on m'oppose, elles sont aussi loin d'être certaines qu'elles le sont d'être lucides.

J'ai d'abord cru que la précipitation avec laquelle mon écrit avoit été composé, m'avoit empêché de me livrer avec la méthode nécessaire aux développements préliminaires qui conduisoient à la maxime qu'on me conteste, mais ensuite je me suis aperçu que la raison des incertitudes et des doutes qu'éprouvoient les auteurs de ces réfutations, provenoit de ce qu'ils n'avoient pas suffisamment éclairci, dans leur pensée, les idées de *despotisme* et d'*anarchie*.

Je suppose que, rencontrant un homme qui passe dans la rue, je le heurte avec brutalité, et que je me permette même de lever la canne sur lui et de le frapper à coups redoublés, je fais un acte de violence, mais non pas un acte de despotisme, car ce passant n'a contracté aucun engagement avec moi, je n'ai aucune soumission à réclamer de sa part, et, en un mot, je ne suis ni son supérieur, ni son roi, ni son maître.

De même, une multitude peut commettre des excès à mon égard, elle peut vouloir me forcer de céder à tout ce qu'il lui plaît d'exiger de moi, mais elle n'a aucun droit de le faire, à moins que je ne sois dans une démocratie absolue, auquel cas cette multitude, si elle forme la majorité des citoyens, est véritablement souveraine.

Alors, mais seulement alors, en me rendant victime de ses caprices, elle use de *despotisme* envers moi.

Les excès de l'anarchie ne peuvent donc se confondre avec ceux du despotisme, quoiqu'ils puissent partir ou de particuliers, ou d'attroupements, ou d'une multitude en grand nombre, ou de partis se battant entre eux, sans avoir rien à se commander, puisqu'on est dans une indépendance universelle, et il est donc faux que l'homme se trouve de toutes parts entre des despotismes, comme mes adversaires se le sont figuré.

Pour que le despotisme ait lieu, il faut, je le répète, qu'il y ait arbitraire de la part du souverain; pour qu'il y ait vexations et excès despotiques, il faut qu'ils proviennent de ce même souverain ; l'anarchie n'est donc pas (comme on me l'objecte, malgré une première concession entièrement contraire) l'anarchie, dis-je, n'est donc pas le despotisme de la multitude, puisqu'elle est l'absence de toute souveraineté, et que si quelque nombre d'hommes plus ou moins considérable, se porte pendant sa durée à des actes oppressifs, ce ne peut être comme exerçant un pouvoir de gouvernement, mais comme usant de force ou de violence à la manière des brutes. Cela me paroît démontré et ne pouvoir offrir aucune ambiguité, et toute ma crainte est d'avoir trop insisté sur des distinctions aussi claires.

Il restera donc toujours vrai que l'homme est placé entre des gouvernements d'une part, et l'indépendance de l'autre, et que le despotisme de ces gouvernements et le misérable isolement de cette indépendance, ou, en d'autres termes, l'anarchie, sont deux extrémités qu'il doit craindre, s'il n'est pas entièrement dépourvu de raison.

Remarquons, à ce sujet, à quel degré de despotisme nous condamnent ceux qui, d'après J.-J. Rousseau, établissent, comme un principe vrai de toute éternité, que *la volonté générale fait la loi.*

D'abord, à peine conviennent-ils, comme par manière d'acquit, que, dans l'origine, il a fallu un consentement individuel pour fonder les sociétés humaines; et nous transformant, nous autres malheureux descendants des hommes libres de la nature en esclaves-nés des çaprices du grand nombre, ils ne lui donnent aucune règle, aucune limite dans ses volontés; ils le constituent par leur bon plaisir, et non par l'acquiescement raisonnable des subordonnés, *souverain* par excellence, et ravalent l'espèce humaine à supporter sans résister, sans fuir et sans réclamer, son délire habituel et ses innombrables cruautés.

De plus, par un abus de mots vraiment inconcevable, et en s'écartant de leur maître, les disciples de Jean-Jacques ont accueilli une fonction de soi-disant *représentants*, si despotique que c'est pour moi une sorte de phénomène que tant d'excellents esprits prennent encore le change sur un fait si facile à éclaircir.

Je veux qu'au moment de l'élection d'un représentant, celui qui lui donne sa voix fasse un acte de pure volonté : toujours est-il vrai que cet acte se convertit incontinent en soumission formelle; et dire qu'on demeure souverain après une pareille nomination est d'une aussi bonne logique que de prétendre que le religieux du monastère de la Trappe est un homme libre, puisqu'au moment où il a prononcé ses vœux et qu'il s'est enchaîné sous l'autorité absolue de son supérieur, il a émis une volonté qui ne partait que de lui seul.

On représente un commettant, dans le vrai

sens du mot, lorsqu'on s'assujétit à reproduire ses intentions de point en point; on cesse d'être son représentant, on devient son maître, lorsqu'on peut agir d'une manière opposée à ce qu'il desire et lui commander l'obéissance.

Ce n'est qu'en forçant outre toute mesure l'acception des mots, qu'on pourrait prétendre que le représenté, au moment qu'il fait son élection, transporte toute sa personne dans celle de son fondé de pouvoir, qui, de cette façon, demeure son représentant. Une pareille abnégation de soi-même est l'esclavage le plus étendu qu'il soit possible d'imaginer sous le nom le plus impropre : le religieux dont je viens de parler ne fait pas un acte différent, lorsque, s'identifiant avec la personne de son supérieur, qu'il pourrait aussi-bien appeler son serviteur (car les mots ne font rien à la chose), il le convertit en un autre lui-même. Mais comment opère t-il cette permutation de personne? *en mourant dans sa volonté propre;* et, en vérité, c'est une singulière dérision que de voir, dans le citoyen ou dans le cénobite, souveraineté et liberté sous de pareils régimes.

On sait trop par de funestes exemples dans quelle tyrannie on peut se précipiter avec de tels principes, et il est évident que le nom de despotes et de sultans convenoit bien autrement aux membres de la convention que celui de représentants.

Il ne convient guère davantage à nos députés. En effet c'est parce qu'un député ne représente personne qu'il peut faire des lois : s'il représentoit quelqu'un en particulier, il seroit assujéti à ne parler et à n'agir que dans le sens de cet individu ; s'il représentoit tous les Français, il seroit obligé de diviser sa personne et ses votes en autant de parties qu'il y aurait d'intérêts divers, et souvent contradictoires, représentés par lui. C'est donc parce qu'il est dans un poste indépendant et où l'on n'a aucun compte à rendre aux vues et aux ambitions privées, qu'il peut porter des lois équitables et pour l'avantage de tous. Loin que le nom de représentant doive lui être donné, l'élévation de ses fonctions demande plutôt qu'on le considère comme un membre électif et temporaire d'une portion de l'autorité gouvernante, lorsque cette autorité n'est encore, à la vérité, que dans un degré mitigé pour ainsi dire, et non dans son degré suprême, qui n'appartient qu'au roi seul ; et je désirerois qu'un nom, exprimant l'idée de législateur par élection, *législateur-élu*, pût s'inventer et remplacer celui de député qui à mon gré offre encore lui-même une arrière-pensée de mandats émanant de sources populaires, et par cela même peut ramener des esprits superficiels dans un cours de doctrines que non-seulement je regarde comme erronées, mais que je crois instant pour notre bonheur et notre repos d'éloigner de nos pensées.

Je me suis laissé entraîner dans une digression qui n'appartient qu'indirectement à mon sujet; mais ce qui le concerne entièrement est la conviction où l'on doit, ce me semble, arriver de plus en plus par mes raisonnements que les systèmes de nos modernes novateurs reposoient sur une soumission encore bien plus aveugle et bien plus illimitée que celle que j'attribue à l'homme primitif à l'égard de son protecteur, puisque celle-ci, ai-je dit, entraîne la condition tacite que ce protecteur gouvernera suivant l'équité naturelle, tandis qu'on n'a pas même porté cet adoucissement à l'obéissance prétendue obligée envers le grand nombre que des sophistes se sont avisés, en dépit de toute raison, de dépeindre comme étant toujours modéré et toujours juste par lui-même (c).

(c) Il est résulté de ce sophisme ridicule, qu'après avoir évité toute idée de restriction dans l'obéissance due à cette majorité, on est arrivé au point d'affirmer qu'elle pouvait changer perpétuellement la condition de ses esclaves, et les faire passer d'asservissement en asservissement, sans qu'il fût jamais besoin de leur demander la moindre adhésion

Puisque les maximes que bien des personnes regardent encore comme essentiellement libérales, aboutissent à une servitude si manifeste, on ne doit pas se révolter de l'obéissance envers les chefs, à laquelle l'instinct de la raison amène infailliblement les sauvages les plus grossiers et qui, suivant moi, a fondé tous les gouvernements.

Cependant je ne prétends pas nier que par suite des progrès des connoissances humaines, et dans un pays neuf et libre de tous engagements antérieurs, il ne pût tomber dans la pensée des hommes et qu'il ne leur fût loisible d'apporter certaines restrictions et certaines conditions dans l'acte de leur soumission, et de stipuler expressément que la violation même momentanée de ces conditions de la part du prince feroit cesser incontinent, chez les particuliers, la qualité de sujets, et les rendroit à l'indépendance. Nous avons vu que de nos jours, ces idées naissoient fort naturellément de la réunion de certaines provinces ou de certains états à des souverainetés plus puissantes; mais si les sujets sont sages, ils insisteront peu sur ces conditions absolues et insuspensibles,

volontaire, et sans qu'un seul instant il fût licite pour eux d'aller vers des climats étrangers porter leur infortune, et chercher un sort moins déplorable.

et le monarque, s'il est prudent, ne les adop-
tera pas aveuglément sans pouvoir y déroger
un seul instant, et sans se réserver au besoin
l'usage primitif, immémorial et pour ainsi dire
radical de préservation générale et suprême;
car dès là que le plus grand malheur pour
les peuples est la perte du lien qui en réunit
tous les membres en un même corps politique,
et que c'est le monarque lui-même et son gouvernement qui forment ce lien par excellence,
le droit qui pourroit mettre souvent les sujets
dans le cas de s'en affranchir sur les plus
fausses interprétations, seroit pour eux un pri-
vilége funeste que tout bon prince doit craindre
de leur reconnoître, sans les précautions les
plus restrictives.

J'ajouterai comme une considération moins
puissante, mais cependant d'un très-grand poids,
que la simple existence de ces conditions rigou-
reuses dont l'inaccomplissement emporte la
dissolution des engagements envers le souverain,
est un véhicule habituel vers l'anarchie, qu'elle
montre aux factieux des chances d'indépendance, et qu'elle les encourage à tendre des
piéges au gouvernement, à saisir dans ses dé-
marches des prétextes de sédition et de révolte,
et à braver dans ses mains une autorité précaire
et entravée.

Nous retombons ici dans une application de la maxime où j'ai établi que les précautions et les moyens pris contre l'une de ces deux extré-mités, le despotisme ou l'anarchie, augmentoient nécessairement le danger de l'autre. Cela est si vrai pour moi, que dussé-je être regardé comme paradoxal, je ne crains pas de déclarer que sous un certain point de vue, lorsque le souverain parle par des lois au lieu de commander despo-tiquement, il se rapproche, quoique d'un degré bien foible, vers l'anarchie; car il laisse ses su-jets jouir de l'indépendance dans tout ce que les lois n'interdisent pas, et de plus il livre des moyens aux ennemis de son autorité pour la sapper avec sécurité en restant couverts par les formes : ce qui n'empêche pas d'un autre côté que ce préjudice ne soit compensé bien au-delà par la confiance que l'on prend dans le prince, par les mœurs régulières et tranquilles que l'or-dre salutaire de ses lois fait naître parmi les ci-toyens et par une bien plus grande stabilité qu'en dernière analyse, ces avantages lui pro-curent pour son propre gouvernement. D'ail-leurs, en supposant même que de temps à autre des malveillants habiles à puiser le mal dans les sources mêmes du bien parvinssent sous une sorte de rempart légal à ourdir des trames cri-minelles, pourvu qu'on adopte mes principes, l'état ne se précipitera jamais vers sa ruine, puisque si la crise devient trop menaçante, il restera toujours au monarque l'exercice de sa protection fondamentale, et le recours aux moyens de puissance transcendante qui lui permettront d'imposer un silence passager à des lois insuffisantes ou préjudiciables; mais dans le système des conditions et des lois continuement obligatoires, il n'y saurait manquer un seul instant, ni dans le moindre point, et du moment qu'il use à leur égard de la moindre infraction, tout retombe, par le retour à l'indépendance, dans la plus entière dissolution.

Cette rupture des liens sociaux étant la conséquence nécessaire de tout pacte de soumission commune réputé dissous, dès que les clauses cessent d'en être observées, on conçoit pourquoi la plupart de nos publicistes ont insinué, s'ils ne l'ont dit formellement, que le despotisme était à craindre autant que l'anarchie. Car ils ont fait consister le despotisme dans la violation de ces conditions, et ils y ont vu dès-lors la destruction immédiate des engagements qui forment la société. En un mot, me disoit un homme d'esprit très-versé dans ces matières, le despotisme est hors de la société aussi bien que l'anarchie.

Oui, me suis-je permis de lui répondre,

hors de la société que vous avez imaginée, et que vous dissolvez d'après des vues secondaires et peu réfléchies, mais non pas hors de celle qui admettroit la possibilité de suspension dans les clauses et encore moins hors de cette société de protection suprême que la nature a instituée dès l'origine des choses.

En effet (pour me borner à cette dernière, parcequ'elle est éminemment despotique et que si j'ai raison pour elle, on me l'accordera à plus forte raison pour celles qui ne le sont que temporairement), si l'anarchie désunit tout, le despotisme au contraire met sa force à tout contraindre et à tout resserrer; et je veux que suivant une rigoureuse logique, toute société formée par un pacte purement conditionnel entre le souverain et les sujets, soit dissoute aussitôt que l'exécution des clauses est, je ne dis pas violée pour jamais, mais seulement interrompue par des actes despotiques; pourvu toutefois qu'il reste encore le despote pour gouverner par sa seule volonté, on voit survivre une réunion et se constituer un corps social tel que le livrent les temps primitifs. Bien entendu cependant que pour ne pas commencer cette nouvelle formation par un esclavage fondamenntal, il faut que ceux qui s'y refuseroient puissent emporter ce qu'ils possèdent et se retirer où bon leur semblera.

Substituons une dissolution anarchique à ce même despote qui administre arbitrairement ce qui lui reste de sujets, nous aurons, comme mes adversaires l'ont eux-mêmes remarqué, des éléments épars qui se rapprocheront ensuite, mais irrégulièrement, mais en différents partis dont les dissentions, les guerres et les fureurs pourront durer plusieurs siècles, et il se manifestera une grande vérité par laquelle je terminois ma réponse à la personne qui m'avoit fait l'objection que je viens de rapporter, c'est que *par le despotisme certaines conditions peuvent être anéanties et des règles peuvent périr, mais que l'anarchie seule fait disparoître toute union sociale pour ne plus laisser qu'une effroyable confusion à laquelle bien souvent on ne sauroit assigner aucun terme.* Or, les dangers et les maux à endurer étant loin, comme on le voit, d'être égaux des deux parts, je demande qu'on veuille bien juger s'il étoit inutile non pas de reproduire ce qui de soi-même étoit déja fort évident parmi nous, mais de montrer que la marche et les principes puisés dans la nature ne se trouvoient pas, comme on l'avoit cru, du côté qui menoit aux désordres et aux calamités générales, et qu'au contraire ils établissaient dès l'origine, et de la manière la plus simple et la plus légitime, le pouvoir transcendant et conservateur dont nos théories modernes en cherchant à l'éviter, rencontrent toujours la nécessité, et qui dans la durée des empires ne peut manquer de reprendre ses droits d'une manière violente, lorsqu'on a été assez malheureux pour s'écarter de la route, et pour en perdre la trace. C'en est assez, je crois, pour répondre aux préventions que les réfutations par lesquelles on a voulu infirmer ma doctrine, ont fait paroître contre l'utilité des recherches que j'avois entreprises. Je reprends ma discussion.

Je ne pense pas qu'il s'élève une seule réclamation sérieuse contre cette vérité : que la puissance d'un prince régnant par le despotisme est préférable à l'anarchie, parce qu'elle n'entraîne pas, comme celle-ci, l'entière dissolution de l'union sociale, et ce qui me fait croire que les personnes imbues des systêmes modernes reconnoîtront elles-mêmes sans difficulté l'évidence de cette proposition, c'est qu'elles s'imaginent sans doute posséder un principe qui obvie a l'annihilation de la société qu'introduiroit l'anarchie, sans que pour cela on soit jamais forcé de subir les atteintes du despotisme. Ce principe toujours le même, et contre lequel je viens encore de m'élever, il y a peu d'instants, est celui qui professe la souveraineté du grand nombre : car dans l'opinion qui sans s'occuper de mes objections, adopte aveuglément cette souveraineté, le despote fût-il détruit, et ne restât-il personne à la tête du gouvernement, la société toujours maintenue par l'autorité obligatoire de la pluralité, survit constamment à tous les changements que cette même pluralité trouve bon d'opérer.

Mais, sans redire sans cesse que la souveraineté de la majorité n'existe pas par le droit naturel, et ne peut enchaîner quelque individu que ce soit que par l'acquiescement qu'il y a donné; sans rappeler cette vérité tant de fois mentionnée dans mon écrit, que le protectorat et la direction d'un monarque sont bien plus dans le cours des choses, et doivent être bien plus conformes aux besoins, et conséquemment aux idées de l'homme primitif, que le pouvoir d'une multitude, dont certes il ne s'est jamais occupé; et enfin, sans m'appliquer à faire sentir que le système que je combats a été imaginé tout exprès pour soutenir certaines idées qu'on affectionnait, qu'elles fussent ou non concordantes avec les faits livrés par la nature, je demanderai qu'on veuille bien me relire avec quelque attention dans ce que j'ai dit un peu plus haut sur toutes ces idées renouvellées de J. J., et j'affirmerai, en me répétant presque littéralement, qu'elles aboutissent uniquement *à remplacer un despotisme par un autre*. En effet, un pouvoir supérieur à tout, qui n'a ni règles, ni limites, qui peut continuellement tout changer à son gré, qui enjoint l'obéissance dès qu'il s'est prononcé, qui ne reconnoît jamais à personne le droit de s'y soustraire, et qui, dans quelque événement qu'on veuille imaginer, déclare rebelle quiconque cherche à s'échapper de la vaste prison où toute une nation est renfermée, est évidemment despotique au plus haut degré ; en vain réside-t-il dans une pluralité de citoyens ; ce qu'on peut dire, c'est que, tout despotique qu'il est, il est en même temps foncièrement démocratique. Mais, comme je l'ai formellement établi, ces deux choses, le despotisme et la démocratie, sont singulièrement compatibles, et la révolution nous l'a prouvé de la manière la plus incontestable.

De plus ce despotisme toujours en réserve et toujours avide de subversions donne encore bien moins de garantie que le despotisme d'un roi contre la violation des conditions imposées par les pactes sociaux : car ces conditions sont aussi bien obligatoires pour les peuples que pour les princes, et rien n'empêche que la multitude ou plutôt que les démagogues qui l'agitent n'accumulent les tentatives pour se délivrer des obstacles, avilir les institutions, tendre des piéges aux autorités gouvernantes, et saisir les prétextes de tout renverser et de tout détruire ; et ce qui achève de montrer combien un pareil despotisme est plus redoutable encore que ceux qu'on le destineroit à contenir, c'est qu'à tous les excès de l'arbitraire le plus absolu, il joint les calamités de l'anarchie à un tel point, qu'il faut, j'en conviens, quelque attention pour ne pas en faire une seule et même chose. La raison en est manifeste ; la pluralité des volontés chez un peuple ne peut se compter par têtes ; de là il arrive presque toujours que tous les partis prétendent l'avoir de leur côté, et même, en admettant que dans quelques moments de fermentation et de fanatisme certains sentiments entraînent la multitude, à peine a-t-elle atteint l'objet de ses désirs que bientôt des dissidences s'établissent, et que le principe qui prétend faire prévaloir le vœu de la majorité, ne pouvant plus avoir d'application certaine, donne lieu à toutes les fureurs de s'exalter et à toutes les discordes d'exercer leurs ravages. Et ce seroit bien vainement qu'on croiroit échapper à ces conséquences en convertissant la manifestation des vœux des peuples en une certaine

opinion que les gens probes et éclairés inspirent à la longue, et qui, dit-on, finit toujours par prédominer. Quoique pour ma part
je sois loin de la regarder comme infaillible,
puisqu'elle émane des hommes, je me conten-
terai d'une seule réponse, c'est qu'avant qu'elle
se soit formée et qu'on puisse la reconnoître,
les empires sont presque toujours bouleversés
et les générations englouties. Voilà les fruits
nécessaires du despotisme démocratique sub-
stitué au despotisme royal pour conserver l'existence d'une société après la destruction des
gouvernements. L'irrévocabilité du pouvoir coactif par lequel on veut rendre cette société
indissoluble ne conduit, on le voit, qu'à l'exercice d'un arbitraire tyrannique éternellement
prolongé au milieu de dissentions que l'impos-
sibilité d'assigner la souveraineté d'une manière certaine rend nécessairement intermi-
nables, et qui dégénèrent par-là en une anarchie perpétuelle (*d*).

(*d*) Ce qui, sous les monarchies, donne à tous les
esprits une direction si prononcée vers la *démocratie*, est
le mécontentement que l'homme est naturellement enclin
à concevoir de la position où la providence l'a placé.
Tous, d'un commun accord, se rangent *de la classe des
opprimés*, et pensent que s'ils avoient le pouvoir de régler
eux-mêmes leur sort, ils rendroient leur condition bien

Qu'on cesse donc de s'étonner d'une autre irrévocabilité que je professe, et qui est bien plus propre à assurer le repos et la stabilité des peuples. C'est celle qui établit l'autorité souveraine dans une famille qui la perpétue d'âge en âge, sans que les sujets aient jamais droit d'y prétendre. J'ai dit dans mon premier écrit que l'engagement contracté par chaque citoyen envers son gouvernement n'étoit pas transitoire, qu'il ne cessoit pas au moment du péril, qu'on est parjure lorsqu'on le viole, qu'on est complice de criminels lorsqu'on défend les usurpateurs qui le compriment, et que l'ignorance des principes peut seule excuser ceux qui marchent dans ces voies de malheurs et de perdition ; j'ai dit, je répète et je soutiendrai toujours qu'un seul homme, dans

meilleure. Ils ne savent pas que, grâces à l'autorité sous laquelle ils ont le bonheur de vivre, une saine nomenclature ne peut se dispenser de les compter dans *la classe des protégés*, et ils aspirent sans cesse à perdre un titre et un bien qu'ils ignorent, pour se jeter, de toutes leurs forces, dans la région des plus effroyables discordes et des plus funestes calamités. Ce sont toutes vérités que j'ai fait expressement remarquer dans mon précédent écrit. Mais les maladies auxquelles elles s'appliquent me paraissent encore si répandues et si invétérées, que je crois de mon devoir de les répéter sous toutes les formes et dans toutes les occasions.

les temps de séditions et de révoltes, peut être
plus religieux observateur des serments qu'une
nation tout entière; que chacun des individus qui composent cette nation n'est pas plus
respectable, ou pour mieux dire l'est beaucoup moins que ne l'est ce sujet fidèle; que,
dans l'exacte justice, leur nombre ne change
pas leur condition, *justitia tribuit* CUIQUE *jus
suum*, et que, malgré les inductions qu'on
voudroit tirer de l'exemple de la Pologne,
l'homme revêtu des droits que donnent des engagements mutuels, comme l'étoient, dit-on,
ceux que contractoient les citoyens de ce pays
doit, suivant la rigueur des principes, jouir
de son *veto* contre tous (e). Il est vrai et je

(e) La manière dont, suivant mes principes, la souveraineté s'établit parmi les hommes, rend ici nécessaires
quelques mots d'explication. Cette souveraineté résultant
de soumissions individuelles à un gouvernement et à la
forme qui a prévalu pour le perpétuer, on ne songe en aucune sorte pour l'instituer, à des pactes et à des stipulations sociales de citoyens à citoyens. Aussi, suivant cette
marche, la seule qui ne tombe pas dans des écarts désavoués
par la nature, lorsqu'il survient des subversions, ce n'est
pas à proprement parler, un *veto* qui appartient à chaque
particulier, c'est un pouvoir de police qu'il doit exercer
autant qu'il est en lui pour réduire au devoir des sujets
infidèles. La faculté du *veto* suppose association formelle et engagements réciproques, à la violotion desquels

J'ai dit aussi dans mon ouvrage, que l'exécution de cette maxime deviendroit impraticable si l'on étendoit le devoir des citoyens jusqu'au maintien éternel des institutions secondaires et *contingentes*. Ce n'est pas une légère difficulté dans les gouvernements compliqués, tels que le fut l'ancienne constitution polonoise et que le sont toutes les républiques, de distinguer ce que chacun jure de conserver et de défendre toute sa vie. On doit

chacun a droit d'interposer son empêchement : on sait toutefois que je n'admets ce dernier système que par une sorte de complaisance, et pour montrer que les révolutionaires ne s'en trouveroient pas mieux que de celui que j'adopte *comme étant le seul conforme à la vérité des faits*. Je le répète, dans l'hypothèse des pactes sociaux, en vain les partisans des réformes modernes essayeront-ils de se retourner dans tous les sens et de toutes les manières, ils n'éviteront jamais le principe qu'une fois que des citoyens sont convenus de clauses fondamentales de société, on ne peut les rompre que d'un consentement unanime, et que chacun à cet égard a son *veto* contre tous, à moins d'être expressément tombé d'accord, en établissant les bases sociales, que telle ou telle autorité, la majorité, par exemple, pourroit modifier, changer et même tout dissoudre, et tout recréer à volonté. Mais nos démagogues ne sauroient s'accommoder de ce *veto*, ils ne peuvent supporter l'idée de pactes et de clauses inviolables, quoiqu'ils en parlent beaucoup lorsqu'il est question d'en opposer aux rois ; ils admettent encore moins de monarque absolu. Que demandent-ils donc avec tant d'opiniâtreté ? L'ESCLAVAGE DÉMOCRATIQUE.

3.

le réduire, dans la monarchie absolue, à la succession inviolable au trône ; c'est elle qui forme le lien perpétuel de tous les membres de l'union politique, et je pense même que dans une monarchie plus tempérée, telle que peut l'être la nôtre, cette hérédité doit demeurer le point inébranlable par excellence ; mais qu'il faut se contenter seulement d'assujétir à de grandes difficultés les changements des autres institutions, de régler avec soin les formes avec lesquelles il seroit permis de les opérer, et de mentionner expressément, comme seule dérogation à ces formes et à ces difficultés, le droit du souverain, dans de rares et hautes circonstances, de se placer, s'il le faut, au-dessus de tous ces statuts, et de gouverner par sa volonté absolue pour la conservation même de la société. Alors ces modes de variations possibles une fois reconnus par chaque citoyen comme des bases auxquelles il doit soumission et respect, nul ne peut plus, même dans le système des anciens Polonois, avoir aucun droit de s'y opposer et d'en empêcher l'exercice. Il est aisé de s'en convaincre, cette marche est celle que nous inspire l'instinct du simple bon sens, et c'est ainsi qu'en obéissant aux impressions de la nature, nous voyons les objections disparoître, et que toujours ramenés, malgré nos divagations, vers une route constante, la nécessité de prolonger l'existence du corps social nous fait aussitôt trouver comme sous nos pas la manière la plus paisible et la plus inaltérable d'y parvenir.

Mais un cours d'idées toutes contraires, et auxquelles ce n'est pas une entreprise facile que de prétendre imprimer une nouvelle direction, ne cesse de combattre toutes mes assertions. On se représente le despotisme d'un seul, occupé sans relâche à envahir le domaine des libertés publiques, et à courber les peuples sous un sceptre de fer ; on cite les Néron et les Caligula ; et si mes principes triomphent, on craint de nous voir retomber sous ces affreuses dominations. Je ne chercherai pas à atténuer les crimes de ces princes qui font l'éternel déshonneur de l'humanité ; et sans approfondir jusqu'à quel point sont exacts les tableaux que nous livre l'histoire ; sans faire observer qu'ils sont presque toujours tracés par les mécontents, puisqu'on ne prend la plume que lorsqu'on est vivement affecté, et que le bonheur n'a que des expressions froides auprès de celles qu'exhale la douleur, je dirai que je crois fermement à toutes les horreurs attribuées aux empereurs romains et aux chefs du Bas-Empire. La raison en est que presque tous étoient des usurpateurs; qu'ils renversoient par le crime ce qui s'étoit élevé par le crime, et qu'ils ne cessoient d'opposer les ressentiments aux haines et les supplices aux vengeances, jusqu'à ce que succombant eux-mêmes, ils laissassent leurs successeurs parcourir les mêmes périodes de forfaits et de désastres. Voilà ce que produisent les révolutions et les occupations violentes des trônes. Mais loin que de semblables excès soient à redouter de la part de princes que des droits légitimes ont appelés à gouverner les peuples, ce seroit plutôt une certaine paresse d'esprit qui deviendroit leur défaut dominant. Ne craignez pas qu'ils cherchent à détruire les formes et les règles; elles leur sont trop utiles pour s'épargner des soins dont les détails n'auroient plus de bornes, et pour éviter des obsessions qu'on ne pourroit plus écarter par des réponses générales; s'il est inévitable que par fois quelques-uns de leurs sujets aient à se plaindre de leurs caprices, ce malheur, à coup sûr, ne tombera presque jamais que sur ceux qui habitent leurs cours et leurs palais; et les maux attachés à leurs règnes auront bien plutôt leur source dans la mollesse qui laisse passer la puissance aux autorités secondaires, que dans le despotisme qui se l'approprie tout entière.

On insiste, on me voit toujours me plaçant

dans une extrémité fatale; on ne se croit jamais assez environné de précautions contre les entreprises qui peuvent en sortir. Si j'établis des alternatives entre deux extrémités opposées, on me répond par une corrélation de deux autres termes qu'on se figure indispensables l'un à l'autre, le pouvoir et la responsabilité; et l'on ne voit pas que cette responsabilité suppose un juge nécessairement plus puissant que le justiciable qui vient rendre compte à son tribunal. L'enfant qui apprend de mémoire la leçon qu'on lui a donnée, a le pouvoir de s'en souvenir; mais il tremble à la voix du maître devant qui il la récite. Oui, les rois sont responsables; mais qui pénétrera dans le fond de leur cœur pour y démêler les intentions et pour y apprécier les fautes? La responsabilité n'entraîne-t-elle pas la punition? Qui les punira? Un plus fort sans doute; et qui jugera ce plus fort? La religion seule, qui s'arrête à un juge qu'on ne juge pas, peut donner la solution de ce problème. Mais les hommes n'y parviendront jamais. On se flatte cependant de l'avoir trouvée, du moins en partie, par la responsabilité des ministres. Ici je renvoie à l'excellent ouvrage que M. l'évêque de Langres a composé il y a quelques mois sur cet important sujet. On y verra jusqu'où une assemblée factieuse peut pousser l'espoir d'enchaîner son roi en le privant de ses fidèles serviteurs par la crainte qu'ils doivent avoir sans cesse d'expier sous de fausses interprétations les actions les moins importantes et quelquefois les plus vertueuses, et par la nécessité où ils sont placés de recourir à de serviles condescendances, ou plutôt à une aveugle obéissance pour prévenir les dangers qui planent à tous les instants sur leurs têtes. Pour moi, j'avouerai que mes principes sur ce point me paroissent hors de toute contestation, puisqu'ils sont fondés sur la charte et sur la droite et saine raison qui a présidé à sa création. Si les délits imputés aux ministres les séparent de la personne du roi et des intérêts de sa prérogative ; s'ils sont trahisons ou concussions, il faut se hâter de les juger et de les punir : c'est ce qu'on a fait dans tous les temps et dans tous les pays ; mais s'ils ne se présentent plus que comme des services rendus au souverain au détriment de perturbateurs et de rebelles ; s'ils consistent, par exemple, dans l'omission de l'autorisation des chambres pour des mesures de salut, *lorsque ce sont ces chambres elles-mêmes qui sont le foyer de la sédition, ou bien encore si l'on convertit en crime le défaut de bill d'indemnité pour le recours aux moyens de préservation qui auront arraché les*

*Charles Ier et les Jacques II à la hache ou aux
proscriptions que leur préparaient leurs ennemis*, qui osera prétendre que ces belles actions
devront être traduites devant des assemblées
juges et parties tout-à-la-fois, et le devoir du
prince ne sera-t-il pas de ne jamais séparer
sa personne et sa cause de conseillers fidèles,
qui auront eu horreur de le délaisser au jour
du danger? Et, d'ailleurs, on le dissimulerait
vainement, si nos institutions, qui, après tout,
peuvent aussi recevoir de graves atteintes par
l'ambition de nos assemblées, n'avoient d'autres
garants de leur perpétuité que ce droit d'accu-
sation et de jugement contre le agents du pouvoir royal, on les verroit bientôt disparoître
dans des luttes désespérées entre la puissance
d'un seul et les subversions populaires; mais,
ce qui doit en assurer la durée, ce sont les
intérêts bien entendus de tous les Français, la
main du temps qui, d'année en année, les ci-
mentera davantage, et les mœurs qui, dans
toutes les classes, se façonnant d'après elles,
rendront bientôt colossale, ou, pour mieux
dire, impraticable, toute entreprise qui tendroit
à les renverser. C'est ainsi que s'éternisent les
législations des hommes, et non par des précautions qui, pour ne pas se reposer dans le
despotisme, cherchent de toutes leurs forces
leur refuge dans l'anarchie.

Enfin, il s'élève un dernier doute sur le fruit qu'on peut retirer de mes observations; il semble, d'après les conséquences que l'on veut faire provenir de mes principes, et surtout d'après l'analyse que l'on fait de l'une de mes propositions, il semble, dis-je, que mes propres expressions livrent des armes pour me combattre; on m'oppose à moi même, on prétend qu'indiquant dans certains cas une résistance passive aux ordres arbitraires du despotisme, je suis le premier à chercher vers la région de l'anarchie des moyens de salut que je voudrois interdire aux autres, et enfin l'on sé flatte que, réduit à faire usage de ce que je condamne, il me faudra tomber d'accord avec mes adversaires, et avouer de bonne foi l'inutilité ou même le danger de l'alternative, où je fais voir le despotisme opposé à l'anarchie, et l'anarchie au despotisme, et l'un pouvant être contenu, ou du moins recevoir des modifications atténuantes par des moyens empruntés à l'autre.

En rétablissant les choses comme je les envisage, cette objection à laquelle on semble attacher beaucoup de valeur, tombe d'elle-même.

Si j'eusse supposé le peuple, comme on se plaît à le représenter, dans des allarmes et dans une vigilance continuelle, n'ayant qu'une volonté unique, et d'après un droit qu'on prétend que je lui laisse, s'étudiant à mettre en usage, sans jamais se démentir, une opposition inerte aux ordres désastreux du despotisme, j'arriverois à une stagnation générale qui ressembleroit à la mort : mais le dualisme (c'est le mot dont on se sert pour caractériser le fond de ma théorie), le dualisme de résistance et de commandement que j'admets dans certains cas, n'a pas l'étendue qu'on veut bien lui donner. Le dualisme dont je parle subsistera toujours, soit qu'un seul roi commande, soit que plusieurs pouvoirs se réunissent pour le faire ; car il est puisé dans la nature ; son premier principe est dans la répugnance même dont l'obéissance est toujours accompagnée, et qui n'est jamais vaincue que par la raison et la nécessité ; il y aura toujours dualité fort distincte entre celui ou ceux d'où partiront les ordres, et celui qui devra y obtempérer. Mais qu'on y fasse attention, ces ordres peuvent être particuliers ou universels. Dans le premier cas, s'ils sont criminels, la conscience défend d'y coopérer ; dans le second cas, s'ils sont *oppressifs* (car je ne sache guères qu'on ait ordonné des crimes par universalité, comme seroit l'assassinat de tous les pères par les enfants, ou l'empoisonnement de tous les maris par les femmes), la question est bien autrement délicate, puisque l'oppression a ses degrés, ses fausses couleurs, est extrêmement incertaine dans ses limites, et que le mécontentement est très enclin à regarder comme joug et iniquité ce qui n'est qu'extrême justice. Dans une pareille situation, qui peut se représenter souvent, je ne laisse aux particuliers et je n'ai jamais entendu leur laisser que la voie des plaintes, et comme je repousse les principes qui cherchent à faire du peuple une masse toujours une et puissante, je ne me vois pas obligé à mettre en lui une résistance toujours éveillée et toujours inquiète; je suis l'ordre de la nature, qui heureusement ne permet pas que des murmurateurs inspirent à la fois leur esprit de rébellion à tous les individus d'une nation. Il faut de ces oppressions dont les règnes légitimes offrent bien peu d'exemples pour que tous les esprits s'élancent de désespoir, je ne dis plus dans la résistance d'inertie, mais dans la révolte ouverte. C'est pour obvier à ces maux, et même pour prévenir autant qu'il est possible l'introduction des plus foibles exactions, que la franchise doit régner dans les conseils des rois, et qu'il doit être permis d'y déclarer que suivant le droit de la nature, le pouvoir des souverains (qui n'est qu'une protection), cesse où la tyrannie et l'injustice commencent; c'est encore pour le

même but que les refus et l'opposition passive
sont départis dans plusieurs pays, non pas au
peuple, mais à des juges plus éclairés que lui,
en un mot, à ces corps intermédiaires qui assu-
reroient le bonheur des nations, si l'ambition et
l'amour de l'autorité ne leur faisoient chercher
quelquefois des auxiliaires dans les classes qu'ils
ne doivent jamais que porter à l'obéissance.
C'en est assez pour qu'on reconnoisse que, si
dans mon écrit j'admets contre le despotisme
des remèdes tenant en quelque chose de l'anarchie, le petit nombre de mains entre lesquelles
je les laisse, les restrictions que j'apporte, et la
suprématie de pouvoir qui, à la dernière extrémité, doit toùjours suivant moi rester au prince,
devoient me préserver de l'objection d'une
lutte de volonté et d'opposition établie par moi
entre le souverain et le peuple. Loin que les
épreuves et les retards que je fais essuyer aux
résolutions du monarque, se terminent par
une négation générale d'obéissance, j'ai établi
la prépondérance définitive de la souveraineté,
et dans tous les cas, si, ce que je ne crois pas,
il m'étoit échappé quelqu'expression obscure
ou quelque condescendance que l'esprit de mon
siècle m'auroit suggérée, ce seroit une raison
pour rechercher le véritable sens de mes paroles, ou pour me rectifier suivant l'esprit

même de mes principes, mais non pour atta-
quer ma doctrine, si on la trouve fondée.

Un seul mot vraiment sujet à interprétation
m'a frappé en relisant la dissertation que j'ai
publiée ; on ne s'en est pas occupé dans les réfutations imprimées ; mais plusieurs personnes
m'ayant fait de vive voix quelques observations
à ce sujet, je saisis l'occasion de m'en expli-
quer. J'ai dit, et je crois que c'est une vérité
hors de toute contestation, que, dans la marche
de la nature, c'est le gouvernement qui donne
naissance à la société. Mais j'ai été plus loin :
après avoir établi que le gouvernement forme
le lien commun des citoyens, j'ai ajouté que,
par ce lien, existe le peuple ; et j'ai encore eu
raison , si l'on considère l'idée d'un peuple
comme consistant uniquement dans un assemblage d'individus réunis par une même autorité. Mais, suivant l'acception ordinaire de ce
mot, il y entre beaucoup d'autres éléments ; les
rapports de parenté, de connaissance ou d'af-
faires, et l'identité de mœurs, de langage, et
quelquefois de race, ainsi que l'atteste l'expression latine *natio*, qui, à proprement parler,
signifie *géniture*, ont tous concouru à sa formation. Ainsi, je ne dirai pas qu'à chaque révolution qu'éprouva le gouvernement de Rome
le peuple romain avoit cessé d'être ; mais j'af-

firmerai, en invoquant une dernière fois des principes désormais, je l'espère, incontestables, que l'association politique, qui précédemment unissoit tous les individus de ce peuple, n'avoit plus rien à exiger, et, en un seul mot, *n'était plus*, et l'on ne me démentira plus, j'en ai la conviction, lorsque j'avancerai que tout jurisconsulte qui se fût ingéré de faire punir comme rebelle l'homme qui n'acquiesçoit pas au nouveau changement se seroit laissé dominer par une erreur grossière en attribuant à une race d'habitants, *nationi*, un droit qu'elle n'auroit eu qu'en tant que société réprimant l'un de ses membres pour violation des engagements sous lesquels il vivait ; supposition diamétralement opposée à la vérité, à moins d'apporter la preuve qu'antérieurement à toutes ces variations, le gouvernement de Rome avoit été constamment reconnu comme foncièrement démocratique, et comme pouvant apporter, dans son régime, toutes les modifications et même toutes les subversions que bon lui sembloit. Voyez encore, à ce sujet, et comme résumé nécessaire, la note importante (*f*).

(*f*) On peut tirer de toutes les considérations contenues dans ce nouvel écrit une série de règles, pour faire suite aux axiômes insérés dans le premier. Les voici :

Lorsque, par des événements quelconques, les institu-

On me répliquera que l'erreur digne de pitié
que j'impute à ce jurisconsulte est très-répandue
et très-ancienne; qu'elle remonte jusqu'au ber-

tions fondamentales d'une nation viennent à périr, il est
de la plus haute importance que la doctrine reçue soit conforme au protectorat suprême des gouvernements, tel que le
donne la nature primitive, afin que ces institutions ne soient
regardées que comme contingentes, et que dès-lors un pouvoir absolu, ou pour me servir d'un terme qui n'a rien
d'odieux dans ces circonstances, un despotisme coactif,
préserve l'État de la dissolution qu'entraîneroit l'anarchie.

Il seroit bon que ce pouvoir de préservation générale fût
connu de chaque citoyen, comme un de ceux auxquels il
acquiesce, et il se soumet lorsqu'il devient membre de l'état.

Ce despotisme est du plus grand danger, ou, pour mieux
dire, il devient impraticable lorsqu'il repose dans les mains
de la multitude; la démocratie pure joignant aux malheurs
de l'arbitraire les malheurs encore plus grands d'une versa-
tilité sans bornes, et, à peu de chose près, d'une véritable
anarchie, sur-tout lorsque les états ont quelque étendue.

Ce pouvoir est encore mal placé dans d'autres mains que
celles de l'autorité souveraine : car, pour avoir l'occasion
de dominer par le trouble et de faire connoître son existence,
l'autorité rivale qui en seroit revêtue ne manqueroit pas de
provoquer des subversions.

Il est peu redoutable, et d'un usage peu fréquent lorsqu'il
réside dans les mains du souverain, pourvu que ce souverain,
comme cela se pratique d'ordinaire dans les aristocraties,
se réduise à un conseil peu nombreux, ou mieux encore repose, ainsi que l'ont établi les monarchies, dans la personne
d'un seul homme. En effet rien n'est plus utile, et, si l'on

ceau du monde. Notre siècle s'est montré trop réformateur pour qu'une telle objection soit admissible à ses yeux. Qu'importe que, faute

peut s'exprimer ainsi, plus commode pour l'autorité que de gouverner par des règles, et de plus, les institutions par leur ancienneté et par les mœurs qui se sont façonnées sur elles, deviennent de la part du prince presque impossibles à détruire.

Toutefois il est très-à-propos de ne jamais considérer le despotisme de réserve que comme temporaire et suspensif ; il en résultera que les gouvernements et les nations ne regarderont dans aucune conjoncture les institutions, les traditions et les principes, comme détruits de fond en comble, et qu'ils n'admettront que les changements devenus indispensables par d'impérieuses circonstances, et par les vicissitudes humaines.

Enfin lorsque par l'imminence des malheurs publics, le souverain croit nécessaire de s'emparer d'un pouvoir de circonstance, quand bien même ce pouvoir ne seroit pas connu de ses sujets, ou qu'il serait regardé par eux comme illégitime ; il est juste que par défaut d'acquiescement originaire de leur part, chacun d'eux, s'il le juge à-propos, puisse se retirer où bon lui semble, et qu'on ne punisse que ceux qui après avoir obtempéré au nouvel ordre de choses, violeroient leur engagement.

Je laisse à juger si cette théorie est puisée dans la nature des choses et dans une saine raison. Une grande prévention en sa faveur est que les souverains les plus éclairés paraissent l'avoir presque toujours exactement suivie ; et il ne faudrait pas, ce me semble, aller bien loin pour en trouver plus d'un exemple frappant.

d'une juste analyse, on se soit senti porté, dans
tous les temps, à donner à de certaines collec-
tions fantastiques , désignées par de certains
mots, des droits qui, retombant sur des individus réels, dégénéroient en injustices et en
atrocités de tous les genres. Qu'importe, dis-je,
que cette erreur ait été et soit encore facile à
commettre ; le premier devoir, lorsqu'on l'aper-
çoit, n'est-il pas de la signaler ?

On paroît imputer à ces analyses une sorte
d'aridité. Mais si le littérateur et le poëte
aiment à personnifier jusqu'aux abstractions les
plus subtiles , le législateur a besoin d'une exactitude plus scrupuleuse dans les matériaux qu'il
emploie. Il doit savoir que tout commence dans
la nature par des individus, qu'on se forme
ensuite des types et des règles générales de
qualités communes et de *modes* semblables
que ces individus ont et observent entre eux ,
et qu'ensuite on applique ces mêmes types et
ces mêmes règles à de nouveaux individus.

Or, que quelques-unes de ces idées générales
soient composées d'éléments aimables, et que
ces éléments rassemblés comme dans un fais-
ceau par un simple mot, nous émeuvent bien
plus que s'ils étoient épars, c'est ce que je ne
veux nier en aucune façon. Mais plus ces mots
nous entraînent , plus il faut nous étudier
dans nos jugements, à ne les appliquer qu'avec

une scrupuleuse justesse. Ainsi, par exemple, l'idée de patrie, qui se compose d'un territoire habité par une même nation, de souvenirs chers à notre cœur, d'une bienveillance universelle entre tous les citoyens, de leur ardeur pour se donner de mutuels secours, et de leur fidélité à remplir leurs engagements réciproques et sur-tout leurs devoirs envers l'état, cette idée, dis-je, a quelque chose de touchant que j'aime à me retracer, et dès qu'un pays enclavé dans de certaines limites et formant un état indépendant s'offre à ma pensée, je me le représente sous ces heureuses images; mais s'il n'est que le séjour des crimes et de la perfidie, irai-je m'attacher à quelques formes stériles pour y voir ce qui n'est plus, et parce qu'une patrie nous offre d'ordinaire un assemblage considérable de compatriotes, si j'aperçois une multitude de parjures unis ensemble pour faire périr l'homme qui n'a pas dévié de la foi due aux serments, placerai-je la patrie dans le nombre plutôt que dans la fidélité, et me joindrai-je à ces misérables pour immoler ce que je respecte (g)? Non, sans doute, je dirois plutôt:

(g) J'ai fait remarquer à l'instant que toutes nos connaissances et tous nos matériaux intellectuels, sortoient d'individualités qui se convertissoient en types généraux je n'ai pas la force de démêler le vice de mes raisonnements, mais je ne suis pas dans la vérité; mon principe est défectueux, car je ne puis croire que l'auteur de la nature nous conduise à de semblables horreurs !

Si une telle circonspection eût été en usage au commencement de la révolution, on se fût plus aisément entendu. Nous ne saurions trop nous hâter d'y recourir, car il n'est que trop certain que bien des opinions ou fausses ou exagérées offusquent encore les esprits et les remplissent de préventions à peine ébranlées par nos malheurs et toujours dangereuses pour le repos du genre humain. Je crois avoir remarqué quelque exagération de ce genre dans un morceau sur la patrie inséré dans l'un des articles qu'on oppose aux réflexions que j'ai publiées.

Comme une cruelle expérience nous a trop

dans notre pensée, et que tout finissoit ensuite par des applications individuelles de ces types. Or, pour bien raisonner, il faut que l'objet dont on s'occupe, réponde exactement au modèle auquel on l'identifie; autrement on court le risque d'affirmer sur son compte, ce qui ne lui convient pas. C'est ainsi qu'en désignant, sous le nom de patrie, un pays qui n'en conserve que quelques attributions, je m'expose aux conséquences les plus erronées et les plus injustes.

prouvé qu'il faut se tenir en garde contre les plus généreuses pensées, lorsqu'on ne les a pas examinées sous toutes les faces, je ne dissimulerai pas que les idées que je viens de rassembler sur ce même mot de patrie, et qui demanderoient un traité complet pour être discutées avec l'étendue qu'elles embrassent, m'ont été suggérées par ce paragraphe; non que je ne me fasse gloire de connoître par moi-même les sentiments dont il fait la description, mais j'ai lieu de croire que l'honorable chaleur à laquelle on s'est abandonné en le rédigeant, n'a pas permis d'apercevoir qu'il est des modifications que le temps, les circonstances, et même le progrès des lumières peuvent introduire dans les objets que nous affectionnons le plus vivement. En effet, tant que la race humaine sera répandue sur la terre, il restera dans toutes les ames bien nées un fond inaltérable d'attachement pour le pays qui fut celui de nos pères, et où nous avons contracté nos plus douces habitudes; et cependant qu'on ne s'y trompe pas, plus la civilisation prendra d'accroissement et deviendra générale, plus ce sentiment perdra d'occasions de se développer dans toute sa force. Lorsque les nations commencent à se former, qu'elles ne sont encore que des peuplades toujours occupées à repousser et à surmonter les dangers du dehors, chaque citoyen est un soldat qui connoît tous ses frères d'armes ; hors des tentes ou des bourgades de sa horde il ne rencontre qu'un affreux délaissement et que des ennemis prêts à le dévorer. Avec quel transport, s'il a le malheur de s'égarer vers des contrées lointaines, ne retrouve-t-il pas le seul point de défense qui lui soit donné dans cet univers, et même, lorsque l'état s'agrandissant lui permet de donner quelques moments à des soins plus paisibles, les périls qu'il a courus, quoique moins répétés, lui ont présenté tant de fois ses concitoyens en butte aux mêmes chances que le destin lui a fait éprouver, partageant les mêmes craintes, les mêmes vœux et les mêmes jouissances, lui garantissant ce qu'il possédoit de plus cher, et lui prodiguant leurs secours, qu'au jour de leur ingratitude envers lui, quelque douleur qu'il puisse en ressentir, il ne sauroit vaincre le cours ordinaire de ses pensées et de ses affections. Mais arrivons aux époques où de grands empires ont atteint une existence durable, où leur puissance rend leur destruction presque impossible, où de longues paix règnent parmi les hommes, où d'un bout de la terre à l'autre les sciences ont rendu les communications de peuple à peuple aussi fréquentes que faciles, alors nul citoyen n'est uni à ses compatriotes par des

épreuves communes et par l'intimité des services ; une froide urbanité remplace la frater-
nité des premiers âges, et loin qu'on trouve
une mort assurée au-delà des frontières de sa
tribu, les états de l'étranger offrent une protection presque égalé à celle dont on jouit dans
l'assemblage inconnu des habitants de son
propre pays. Si la lecture des fastes glorieux de
la nation dont on est membre enflamme quelquefois l'amour-propre, ce patriotisme n'est
plus qu'un orgueil dédaigneux et hautain que
la politique cherche à exalter, mais qui laisse
à peine apercevoir quelques traces des vertus
antiques. Ce n'est que lorsque des masses d'ar-
rogance et de domination soulevées les unes
contre les autres viennent à se heurter, et qu'un
état est près de succomber sous l'effort de ceux
qui ont juré sa ruine, qu'alors reparoissent
dans son sein ces nobles mouvements de l'ame
inspirés par le besoin d'une conservation commune, cette assistance mutuelle dans les dangers et dans l'infortune, cet attachement pour
ses institutions, cet amour pour ses concitoyens
et tous ces sentiments qu'on avait peine à comprendre dans l'histoire des anciens peuples, et
dont il ne restoit plus qu'un germe caché dans
les cœurs.

Mais, à Dieu ne plaise qu'on provoque jamais les malheurs par lesquels il faudrait passer pour arriver à réaliser les tableaux que, dans ce genre, l'enthousiasme aime à se représenter! Quel homme assez en délire voudrait faire rétrograder la civilisation, et perdre tous ses bienfaits, pour se procurer, par des guerres d'extermination, quelques traits de cet héroïsme que nos esprits envieux vont puiser d'une manière toujours incertaine dans les récits de l'antiquité; et pourrions-nous consentir, pour quelques spectacles touchants, à faire rentrer le monde dans la barbarie qui n'est plus, et qui ne doit plus reparaître?

Telles sont les nouvelles réflexions que je crois devoir livrer à l'impression, pour fixer de plus en plus, s'il m'est possible, des principes sur lesquels on n'a jamais possédé, ce me semble, que des notions peu certaines, pour réduire à sa juste valeur ce qui me paraît mal apprécié, pour ne point représenter comme souveraineté une servitude totale, et comme liberté un despotisme tumultueux, et, en un mot, pour dissiper autant qu'il est en moi les obscurités, et prévenir les divagations qui, de toutes parts, assiégent encore notre intelligence.

DE L'IMPRIMERIE DE P. DIDOT L'AINÉ,
IMPRIMEUR DU ROI ET DE LA CHAMBRE DES PAIRS,
rue du Pont de Lodi, n° 6.